Wolfgang Ratgeber

AF221277

Erotik im Alter -

ein Gesund- und

Jungbrunnen mit einer

sprudelnden Geldquelle

Bibliografische Information der Deutschen Bibliothek: Die Deutsche Bibliothek verzeichnet diese Publikation in der Deutschen Nationalbibliografie; detaillierte bibliografische Daten sind im Internet über http://dnb.ddb.de abrufbar.

Herstellung und Verlag: BoD - Books on Demand, Norderstedt
ISBN 9783755736622
Titelbild: Brunnen in Paris
Foto: Wolfgang Ratgeber

Inhaltsverzeichnis

Erster Brief

Sehr geehrter Herr Ratgeber,

ich habe gegenüber Ihrem Verlag den Wunsch geäußert, mit Ihnen zu korrespondieren. Danach erhielt ich zwar nicht Ihren Namen aber wenigstens Ihre Postfachadresse.
Im Grunde genommen hat alles mit einer Ihrer romantischen Liebesgeschichten begonnen. Da ich seit dem Tod meines Mannes allein lebte, brachte mich Ihre mein Herz berührende Lovestory auf die Idee, noch einmal einen Lebensgefährten zu suchen. Daher veröffentlichte ich im Dezember das folgende Zeitungsinserat:
'Attraktive, allein stehende Dame sucht allein stehenden Herrn für gemeinsame Spaziergänge und zum Besuch des Weihnachtskonzerts in der Oper.'
Da ich mein hohes Alter verschwiegen hatte, erhielt ich zahlreiche Zuschriften. Als leidenschaftliche Violinspielerin entschied ich mich für einen ehemaligen Klavierlehrer. Seit einem halben Jahr begleitet mich mein neuer Lebensgefährte täglich beim

Spazierengehen am Ufer des Rheins und beim Violinspielen am Klavier.

Den 90. Geburtstag meines Lebensgefährten feierten wir vor vier Wochen in einem hoch über dem Rhein liegenden Hotel der Luxusklasse. Im gleichen Hotel feierten wir gestern meinen 90. Geburtstag. Dabei spielte mein Lebensgefährte das Klavierstück 'Aufforderung zum Tanz' von Carl Maria von Weber. Anschließend forderte er mich auf, mit ihm den Eröffnungswalzer zu tanzen. Als Geburtstagsgeschenk überreichte er mir ein rotes Päckchen und bat mich mit einem Augenzwinkern, dieses erst daheim zu öffnen. Nach dem Entfernen des Geschenkpapiers traute ich meinen Augen nicht:

Vor mir lag eine knallrote Reizwäschegarnitur mit einem Push-up-BH. In diesem Moment begriff ich: Bei meinem Klavierbegleiter spielt die Musik noch irgendwo anders.

Gleichzeitig erinnerte ich mich an einen Artikel über den starken Sexualtrieb des Mannes, in dem berichtet wurde: Der Schauspieler Charlie Chaplin hat noch im Alter von 73 Jahren ein Kind gezeugt, der Schauspieler Antony Quinn im Alter von 81 Jahren. Dem Guinnessbuch Weltrekordhalter, einem Mann in

Australien, ist dies sogar noch im Alter von 93 Jahren gelungen.

Da ich als Witwe bisher ganz gut ohne Sex leben konnte, saß ich völlig schockiert vor dem roten Push-up-BH.

Plötzlich kam mir eine Idee:

Vielleicht hatte mein Lebensgefährte nicht die richtige Körbchengröße gekauft. Dann bräuchte ich die Reizwäsche gar nicht anziehen und könnte ihm das Geschenk mit meinem besten Dank zurückgeben.

Nachdem ich den Push-up-BH angezogen hatte, betrachtete ich mich im Spiegel. Was für ein Pech! Der BH passte perfekt.

Weshalb erzähle ich eigentlich Ihnen, einem völlig Unbekannten, eine Story über die perfekt passende Größe meines Push-up-BH's, obwohl ich 40 Jahre lang Hemmungen hatte, mit meinem Mann über intime Themen zu sprechen?

Die in Ihre Erzählungen eingestreuten Kommentare verraten ein erhebliches medizinisches Fachwissen. Deshalb bin ich sicher:

Hinter Ihrem Pseudonym 'Wolfgang Ratgeber' verbirgt sich ein Arzt.

Der Push-up-BH, den ich nur als 'Aufforderung zum Sex' verstehen kann, konfrontiert mich mit einem starken Entscheidungsdruck. Deshalb benötige ich Ihren medizinischen Rat: Mein Vater ist im Alter von 105 Jahren an einem Herzinfarkt gestorben. Von meinem Hausarzt wurde ich über die wichtigsten Ursachen des Herzinfarkts informiert: Erhöhung von Blutzucker und Cholesterin sowie Bluthochdruck. Ich habe einen hohen Blutdruck. Leider vertrage ich alle blutdrucksenkenden Medikamente sehr schlecht. Ist Ihnen eine Studie bekannt, die bei Frauen eine Erhöhung des Blutdrucks durch regelmäßige sexuelle Aktivitäten belegt?

Ich kann nur hoffen, dass Sie diese Frage in Ihrem Antwortbrief bejahen. Dann hätte ich aufgrund meiner Anamnese einen triftigen, medizinischen Grund, den perfekt passenden Push-up-BH nicht anziehen zu müssen und könnte mich weiterhin auf das gemeinsame Spazierengehen, Musizieren und Tanzen mit meinem Lebensgefährten beschränken.

Da der Verlag nicht bereit war, mir Ihren Namen zu verraten, werde auch ich meinen Brief nur mit einem Decknamen unterschreiben.

Mit freundlichen Grüßen

Eva

Zweiter Brief

Sehr geehrte Frau Eva,

vielen Dank für Ihr Schreiben vom 2. Juni.

2019 führte die Universität Michigan eine Studie mit 2204 Männern und Frauen im Alter von 57 bis 85 Jahren durch. Die Untersuchungsgruppe bestand aus einer sexuell aktiven Gruppe und einer gleich großen, enthaltsam lebenden Gruppe. Es wurde untersucht, wie häufig die Männer beziehungsweise Frauen der beiden Gruppen innerhalb eines Zeitraums von fünf Jahren an einem Herzinfarkt erkrankten.

Bei Männern, die mindestens einmal pro Woche Geschlechtsverkehr hatten, war das Risiko eines Herzinfarkts doppelt so hoch wie bei den ohne Sex lebenden Senioren. Im Gegensatz hierzu können ältere Frauen durch Sex das Herzinfarktrisiko senken. Gemäß einer Studie in der Zeitschrift 'Biological Psychology' kann Sex bei älteren Frauen auch den Blutdruck senken.

Ein oft zitierter Ausspruch Martin Luthers lautet:

'In der Woche zwier schadet weder ihm noch ihr, macht im Jahre hundertvier.'

Die hierbei behauptete Unschädlichkeit eines zweimaligen Geschlechtsverkehrs pro Woche ist gemäß der Michigan Studie zwar für Frauen im höheren Alter zutreffend, nicht jedoch für Männer dieser Altersgruppe.

Da die 'Aufforderung zum Sex' einen Schock für Sie bedeutete, haben Sie aufgrund der Michigan Studie jetzt immerhin die Möglichkeit, Ihren neuen Lebensgefährten durch den Hinweis auf sein erhöhtes Herzinfarktrisiko von der Notwendigkeit einer maßvollen Häufigkeit des Geschlechtsverkehrs zu überzeugen und so den durch Ihren perfekt passenden Push-up-BH ausgelösten Entscheidungsdruck etwas zu vermindern.

Gleichwohl befinden Sie sich aufgrund der Michigan Studie in einer schwierigen Lage:

Einerseits möchten Sie sicher das Herzinfarktrisiko Ihres neuen Lebensgefährten möglichst weit senken, indem Sie die Häufigkeit des Geschlechtsverkehrs auf niedrigem Niveau halten.

Andererseits haben Sie die Möglichkeit, durch häufige Orgasmen Ihren

Blutdruck zu senken und danach die Medikamente abzusetzen, welche Sie ja alle schlecht vertragen.

Ich bedauere, in Ihrem Fall aus der Michigan Studie nicht den von Ihnen erhofften 'triftigen medizinischen Grund' gegen sexuelle Aktivitäten ableiten zu können.

Mit freundlichen Grüßen

Wolfgang Ratgeber

Dritter Brief

Sehr geehrter Herr Ratgeber,

Sie empfehlen uns, die Häufigkeit des Geschlechtsverkehrs 'auf niedrigem Niveau zu halten'. Dies wird meinem Liebhaber sicher schwer fallen, mir jedoch überhaupt nicht.

Da ich diesen Brief im Schutz der Anonymität schreibe, gestehe ich Ihnen jetzt eine Tatsache, die mein Mann in 40 Ehejahren nie von mir erfahren hat:

Ich habe beim Geschlechtsverkehr zwar eine schwache, sexuelle Erregung empfunden, bin jedoch nie zu einem Orgasmus gekommen. Diesen habe ich meinem Mann immer nur durch lautes Stöhnen vorgespielt, da es seiner Eitelkeit schmeichelte, mich zum Höhepunkt bringen zu können. Ich war freilich sehr enttäuscht, niemals einen Orgasmus zu bekommen, während er immer schon nach kürzester Zeit den Höhepunkt erlebte.

Da häufige Orgasmen bei älteren Frauen den Blutdruck senken, haben Sie mir einen regelmäßigen Orgasmus empfohlen. Kann eine Frau, die beim

11

Geschlechtsverkehr noch nie den Höhepunkt erlebt hat, durch die Selbstbefriedigung zum Orgasmus kommen?

Sie werden überrascht sein, von mir zu erfahren, dass ich diese Frage trotz meines hohen Alters nicht aufgrund eigenen Erlebens beantworten kann.

Da ich in einem Internat streng religiös erzogen wurde, hatte die Selbstbefriedigung für mich den Makel einer schweren Sünde. Deshalb versuchte ich nie, auf diesem Weg einen Orgasmus zu erreichen.

Sie haben in meinem Fall jedoch einen medizinischen Grund für den regelmäßigen Orgasmus geltend gemacht. Falls ich durch die Selbstbefriedigung einen Orgasmus erreichen kann, obwohl ich beim ehelichen Geschlechtsverkehr nie zum Höhepunkt gekommen bin, bitte ich Sie um die Beantwortung der folgenden Frage:

Durch welche Sebstbefriedigungsmethode kann ich am sichersten und schnellsten einen Orgasmus erreichen?

Um diesen überhaupt erkennen zu können, sollte ich über die charakerististischen Merkmale eines Orgasmus Bescheid wissen.

Da ich noch nie in meinem Leben

*einen Orgasmus bekommen habe,
bitte ich Sie, mich auch über die
wichtigsten Merkmale des weiblichen
Orgasmus zu informieren und diesen
Brief baldmöglichst zu beantworten.*

Mit freundlichen Grüßen

Eva

Vierter Brief

Sehr geehrte Frau Eva,

vielen Dank für Ihr Schreiben vom 7. Juni.

Ich kenne Ihren Namen nicht. Auch Sie kennen meinen Namen nicht, da meine 40 Bücher in mehreren Sprachen unter verschiedenen Pseudonymen veröffentlicht wurden. Diese Anonymität erleichtert mir die sich aus Ihren Fragen ergebenden, den Intimbereich berührenden Antworten.

Ich kann mir vorstellen, wie frustrierend es für Sie war, 40 Jahre lang durch lautes Stöhnen einen nicht existierenden Orgasmus vortäuschen zu müssen.

Dieses Schicksal teilen Sie allerdings mit vielen Frauen. Dies belegt eine bei 1417 Frauen durchgeführte Erhebung. Auf die Frage :

'Erreichen Sie beim Geschlechtsverkehr einen Orgasmus?'

wurden folgende Antworten angekreuzt:

immer: 11%, oft: 17 %, in der Hälfte der Fälle: 17 %, selten 29 % und nie 26 %. Ein Viertel der Frauen ist also in der gleichen Situation wie Sie.

Aufgrund Ihrer streng religiösen Internatserziehung versuchten Sie nie, sich selbst zu befriedigen. In unserer aufgeklärten Gesellschaft hat sich die Einstellung zur Selbstbefriedigung erfreulicherweise geändert. Die meisten Frauen und Männer erleben die Masturbation heute als normale Spielart der Sexualität, und zwar bereits von Jugend an. Eine neue Umfrage ergab:

Etwa die Hälfte aller 15-jährigen Mädchen hat sich schon eigenhändig einen Orgasmus beschert.

Die Selbstbefriedigung kann auch den Sex zu zweit verbessern. Eine Frau, die beim Solosex entdeckt hat, was ihr besondere Lust bereitet, kann dies vom Partner wünschen und kommt dadurch öfter.

Ihre Frage, ob eine Frau, die beim Geschlechtsverkehr noch nie einen Höhepunkt erlebt hat, durch die Selbstbefriedigung zum Orgasmus kommen kann, lässt sich aufgrund der modernen Sexualforschung eindeutig bejahen. Der Vater der Psychoanalyse, Sigmund Freud, vertrat die These: Nur wenn ein Penis in die Scheide (Vagina) eindringt, kann die Frau einen starken Orgasmus erleben (vaginaler Orgasmus). Diese These wurde von der modernen Sexualforschung widerlegt:

Nur ein geringer Prozentsatz der Frauen kann allein durch die Bewegungen des von Sigmund Freud so hoch geschätzten 'Zauberstabs' einen Orgasmus erreichen. In den meisten Fällen ist eine zusätzliche Stimulierung des Kitzlers erforderlich, die durch geeignete Körperbewegungen der Partner erfolgen kann.

Frauen, die beim Geschlechtsverkehr keinen Orgasmus erleben, können sich trotzdem durch die Stimulierung ihres Kitzlers (Klitoris) zum Höhepunkt bringen (klitoraler Orgasmus). Viele Frauen empfinden den durch die Selbstbefriedigung ausgelösten klitoralen Orgasmus sogar wesentlich lustvoller als den durch die Bewegungen des Penis ausgelösten vaginanalen Orgasmus. Dies ist vielleicht eine Erklärung für das überraschende Ergebnis einer 2007 durchgeführten amerikanischen Studie:

Bei Frauen, die in einer Partnerschaft leben, ist die Selbstbefriedigung etwa gleich häufig, wie bei allein lebenden Frauen.

Im Gegensatz zur These von Sigmund Freud gibt es sogar Frauen, die bereits durch sexuelle Fantasien zu einem starken Orgasmus kommen.

Sie fragen, welches der sicherste und schnellste Weg zum Orgasmus ist. Aus anatomischen Gründen empfehle ich Ihnen das Reiben an der Klitoris. Bei diesem Geschlechtsorgan handelt es sich nicht nur um eine kleine 'Lustperle', die Sie in der Scheide tasten können. Die Stärke des klitoralen Orgasmus beruht darauf, dass die Klitoris 10 cm weit in die Scheide hineinreicht.

Beim Masturbieren steigt die Erregungskurve der Frau schneller an als die Erregungskurve des Mannes, da in der 'Lustperle' 800 Nerven enden, im 'besten Stück des Mannes' jedoch nur 400. Die meisten Frauen haben beim Reiben an ihrer Lustperle keine Orgasmusprobleme. Die Klitorisstimulierung ist deshalb der von Ihnen gesuchte, sicherste und schnellste Weg zu einer starken sexuellen Erregung und zum Gipfel des Orgasmus.

Sie fragen mich nach den charakteristischen Merkmalen, an denen Sie einen Orgasmus erkennen können. Diese Frage werde ich im Rahmen des Vierphasenmodells der Sexualforscher William Masters und Virginia Johnson beantworten:

1. Die Erregungsphase

Durch die Erweiterung Ihrer Blutgefäße strömt mehr Blut in die äußeren

Geschlechtsorgane:
Schamlippen, Scheide und Klitoris schwellen an. Ihre Scheide wird feucht. Ihre Brüste schwellen an. Die Brustwarzen richten sich auf. Ihre Atmung wird schneller.

2. Die Plateauphase

Ihr Puls wird schneller. Der Blutdruck erhöht sich. Die Spannung Ihrer Beckenmuskulatur nimmt zu.

3. Der Orgasmus

Die Hormondrüsen schütten das Glückshormon 'Dopamin' aus, welches den ganzen Körper in Erregung versetzt. Es kommt zu rhythmischen Zusammenziehungen von Gebärmutter und Scheide. Beim ekstatischen Orgasmus können bis zu 15 Muskelkontraktionen erfolgen. Ihre Pulsfrequenz kann sich verdoppeln.
Die durchschnittliche Dauer des Orgasmus beträgt bei der Frau bis zu einer Minute, beim Mann zwischen 3 und 12 Sekunden. Im Gegensatz zum Mann kann die Frau in kurzer zeitlicher Abfolge mehrere Höhepunkte nacheinander erleben (sogenannter multipler Orgasmus).

4. Die Entspamnungsphase

*Ihre Herzkreislauffunktionen norma-
lisieren sich. Das Abschwellen der
Scheide dauert etwa 15 Minuten, bei
den Schamlippen kann die Dauer bis
zu 3 Stunden betragen.*

Mit freundlichen Grüßen

Wolfgang Ratgeber

Fünfter Brief

Sehr geehrter Herr Ratgeber,

auf der Suche nach einem Lineal habe ich in der Schublade meiner Partnerin zufällig Duplikate der Briefe gefunden, die sie Ihnen am 2. und 7. Juni geschrieben hat. Daher erlaube ich mir, Ihnen ebenfalls einige Fragen zu stellen:

Seit einiger Zeit habe ich Probleme mit der Erektion. Die für den Geschlechtsverkehr erforderliche, länger dauernde Erektion bleibt immer wieder aus. Aufgrund dieser Erektionsstörungen hat sich meine langjährige Partnerin von mir getrennt.

Welche Ursachen kommen für das Auftreten einer Impotenz in Betracht? Welche Therapiemöglichkeiten gibt es?

Meine neue Lebensgefährtin hat sich bis heute noch nicht für mein Geburtstagsgeschenk bedankt. Durch das Lesen des Briefes, den sie am 2. Juni an Sie geschrieben hat, erhielt ich Kenntnis von ihrem Schock beim Anblick der roten Reizwäsche. Deshalb habe ich den Entschluss gefasst, ihr morgen das folgende, für mich sehr peinliche

Geständnis zu machen: Seit ich Erektionsprobleme habe, gibt es für mich nur noch einen Weg zur starken sexuellen Erregung: der Anblick einer mit Reizwäsche bekleideten Frau. Diesen Weg entdeckte ich allerdings erst, nachdem meine frühere Partnerin mich bereits verlassen hatte. Aus diesem Grund habe ich meiner neuen Lebensgefährtin, die trotz ihres hohen Alters noch einen turbogeilen Busen besitzt, die rote Reizwäsche zum 90. Geburtstag geschenkt.

Als ich mir abends in meiner Fantasie ausmalte, wie sie mit dem Push-up-BH vor dem Spiegel steht und ihre prallen Brüste betrachtet, bekam ich sofort eine Turboerektion.

Erstaunlicherweise fällt es mir nicht schwer, Ihnen meine perverse Neigung zu gestehen, obwohl ich in den letzten zwei Wochen nicht den Mut aufbrachte, mich gegenüber meiner Lebensgefährtin zu outen.

Hoffentlich können Sie mir aus medizinischer Sicht erklären, weshalb ich nur durch den Anblick einer mit Reizwäsche bekleideten Frau zu einer sexuellen Erregung und zum Orgasmus kommen kann.

Leider erfuhr ich durch das Lesen des Briefes, den meine Lebensgefährtin am 7. Juni an Sie geschrieben hat, *dass sie beim Geschlechtsverkehr zwar eine schwache, sexuelle Erregung empfindet, jedoch nie einen Orgasmus bekommt.*

Ich würde sie gern durch die Stimulierung ihrer erogenen Zonen zu einer starken Erregung und zum Höhepunkt bringen. Meine frühere Partnerin wollte immer ohne langes Vorspiel zum Geschlechtsverkehr übergehen, da dieser bei ihr einen multiplen Orgasmus auslöste. Deshalb hatte ich bisher noch keine Gelegenheit, die erogenen Zonen des weiblichen Körpers gründlich zu erforschen. Ich bitte Sie daher um die Beantwortung der folgenden Fragen:

Wo liegen die erogenen Zonen der Frau?

Über welche Zonen kann ich meine Liebste am besten zu einem turbogeilen Orgasmus bringen?

Hoffentlich spricht der hohe Blutdruck, den meine Partnerin in ihrem Brief vom 2. Juni erwähnt hat, aus medizinischer Sicht nicht gegen sexuelle Aktivitäten. Sonst müssten wir uns in Zukunft leider auf die Spaziergänge am Ufer des Rheins sowie das Musizieren und Tanzen beschränken.

Da meine Partnerin ihre beiden Briefe mit einem Decknamen unterschrieben hat, werde auch ich diesen Brief mit einem Decknamen unter schreiben, um die Anonymität zu schützen.

Mit freundlichen Grüßen

Adam

Sechster Brief

Sehr geehrter Herr Adam,

da die beiden Briefe Ihrer Partnerin von Ihnen nicht nur gefunden sondern auch gelesen wurden, rate ich Ihnen, mein heutiges Schreiben, das sehr intime Probleme der männlichen Sexualität behandelt, möglichst gut vor Ihrer Partnerin zu verstecken.

In Köln wurde von 1998 - 2000 eine Umfrage bei 4489 Männern im Alter von 30 bis 80 Jahren durchgeführt. Es wurden folgende Fragen gestellt:

Sind Sie sexuell aktiv? Gruppe 30 - 39 Jahre: ja 96%, Gruppe 70-80 Jahre: ja 71 %. Sind Sie wöchentlich sexuell aktiv? Junge Gruppe: ja 92 %, alte Gruppe: ja 41 %. Haben Sie Probleme mit der Erektion? Junge Gruppe: ja 2 %, alte Gruppe: ja 53 %.

Mehr als die Hälfte der über 70 Jahre alten Manner hat also Probleme mit der Erektion.

Dabei sind Sie noch in einer komfortablen Lage, da Sie durch die sexuelle Fantasie einer mit Reizwäsche bekleideten Frau sofort eine 'Turboerektion' bekommen.

Aus den in Ihrem Brief gemachten

24

Angaben lässt sich die Diagnose 'Impotenz' nicht mit Sicherheit ableiten. Nur wenn eine ausreichende Erektion in rund 70 % der Versuche ausbleibt und diese Probleme mindestens 6 Monate lang bestehen, sind die Voraussetzungen für die Diagnose 'Impotenz' erfüllt.

Die Impotenz wird in 70 % der Fälle durch körperliche Faktoren verursacht (z. Bsp. Herzkreislaufstörungen, Diabetes mellitus). Bei der Arteriosklerose gelangt aufgrund der Gefäßverkalkung nicht genug Blut in den Penis. Die Blutmenge in den Schwellkörpern reicht daher für seine Versteifung nicht aus.

In einem Teil der Fälle sind psychische Ursachen für die Impotenz verantwortlich (z. Bsp. Stress, Depressionen, Partnerschaftsprobleme).

Der Males-Studie entnehme ich: Nur 58 Prozent der impotenten Männer begeben sich in ärztliche Behandlung, obwohl aufgrund von diagnostischen und therapeutischen Fortschritten die Erfolgsaussichten um so besser sind, je früher die Behandlung beginnt.

Für die Diagnostik wird die Ultraschalluntersuchung der Blutgefäße des Penis eingesetzt. Zusätzlich die Tumeszenzmessung: Mit einem Gerät kann man den Schwellungsgrad des

Penis im Verlauf der Nacht messen lassen. Wenn spontane Erektionen aufgezeichnet werden, beweist dies einen funktionierenden Erektionsmechanismus, der in Ihrem Fall natürlich vorhanden ist, da Sie durch die sexuelle Fantasie einer mit Reizwäsche bekleideten Frau sofort eine 'Turboerektion' bekommen.

Zur Behandlung der Impotenz können Sie sich Medikamente vom Arzt verschreiben lassen. Durch die PDE-5 Hemmer füllen sich Ihre Schwellkörper mit Blut, wodurch es zu einer Versteifung des Gliedes kommt. Die Wirkung dieser Medikamente setzt erst ein, wenn Sie eine sexuelle Erregung spüren.

Falls Tabletten aus medizinischen Gründen nicht für Sie in Frage kommen, können Sie den Wirkstoff in einen Schwellkörper des Penis spritzen. Oder Sie verabreichen sich den Wirkstoff über einen in die Harnröhre eingeführten Applikator aus Plastik.

Mit der Vakuumpumpe können Sie einen Unterdruck erzeugen, der Blut in den Penis saugt. Durch einen um die Peniswurzel gelegten Gummiring wird das rasche Abfließen des Blutes aus den Schwellkörpern verhindert.

Sie fragen mich, weshalb Sie nur

durch den Anblick einer mit Reizwäsche bekleideten Frau sexuell
erregt werden. Wenn eine Person nur
durch ein bestimmtes Objekt zur
sexuellen Erregung und zum Orgasmus kommen kann, spricht man in der
Medizin von 'Fetischismus'. Die Ur-
sache dieser sexuellen Abweichung ist
noch nicht geklärt. Unter 'Fetisch'
versteht man ein unbelebtes Objekt,
auf das der Fetischist sein Interesse
richtet. In den meisten Fällen handelt
es sich dabei um Kleidungsstücke. Der
Fetischist bittet seine Partnerin, ein
bestimmtes Kleidungsstück, z. Bsp.
einen roten Reizwäsche-Push-up-BH,
beim Geschlechtsververkehr zu tragen.
Sie schreiben mir, wie peinlich es
Ihnen war, Ihrer Lebensgefährtin den
eigentlichen Grund für Ihr ausgefalle-
nes Geburtstagsgeschenk zu gestehen.
Hierfür besteht keinerlei Notwendigkeit. Die moderne Sexualwissenschaft
betrachtet den Fetischismus, der fast
ausschließlich bei Männern auftritt,
nicht als Perversion, sondern lediglich
als harmlose sexuelle Marotte.
Sie befinden sich mit dieser Marotte in
der besten literarischen Gesellschaft.
Ein klassisches Beispiel für Fetischismus finden wir bereits in Goethes
'Faust'. Im ersten Teil des Dramas

verrät Doktor Faust seine Neigung zum Fetischismus, indem er Mephisto auffordert, einen Fetisch von Gretchen zu besorgen:

Schaff mir etwas vom Engelsschatz!
Führ mich an ihren Ruheplatz!
Schaff mir ein Halstuch von ihrer Brust, ein Strumpfband meiner Liebeslust!

Abschließend beantworte ich Ihre Frage nach den erogenen Zonen des weiblichen Körpers. Die zärtliche Stimulierung dieser sensiblen Areale erfolgt im Rahmen des Vorspiels. In der ersten Phase sollten Sie die Gefühle Ihrer Partnerin in Wallung bringen:
Küssen Sie zärtlich ihre geschlossenen Augenlider und den Mund. Verwöhnen Sie die Ohrmuschel und das Ohrläppchen durch Zungenspiele und sanftes Knabbern. Flüstern Sie zärtliche Worte in ihr Ohr. Saugen Sie sanft an Hals und Nacken. Erregen Sie die Handinnenflächen und Fingerspitzen durch eine leichte Massage oder sanftes Streicheln. Lecken und lutschen Sie an den Fingern. Verwöhnen Sie mit Ihrer flinken Zunge geduldig ihre gesamte Bauchdecke und vor allem den Nabel. Wenn Sie diese erogenen Zonen über einen längeren Zeitraum

stimulieren, werden warme Wellen der Wollust durch den ganzen Körper Ihrer Liebsten strömen.

In der zweiten Phase des Vorspiels sollten Sie diese Wollust durch die Stimulierung der stark erogenen Zonen immer mehr steigern. Der Lendenwirbelbereich gehört aufgrund der die Wirbelsäule begleitenden, zahlreichen Nerven zu den stark erogenen Zonen. Indem Sie mit den Fingern entlang der Wirbelsäule auf und ab fahren, werden Sie Ihrer Liebsten wohlige Schauer über den Rücken jagen. Durch die sanfte Massage der Innenseiten ihrer Oberschenkel wird sie ein angenehmes Kribbeln und Vorfreude auf noch intimere Berührungen empfinden. Drücken Sie mit dem Handballen leicht auf ihren Venushügel und streicheln Sie zärtlich mit den Fingerspitzen die angeschwollenen Schamlippen. Wenn Sie als routinierter Klavierspieler Ihre Fingerübungen auf diesen erogenen Zonen Ihrer Liebsten machen, werden Sie dem Instrument ihres Körpers die lustvollsten Töne entlocken. Die immer größeren Wellen der Wollust können jedoch ihre Liebste nur dann zum Gipfel des Höhepunkts tragen, wenn das 'Orgasmusareal' im Gehirn erregt wird.

Abgesehen vom Geschlechtsverkehr

kann man(n) die Frau am besten auf zwei Wegen zum Höhepunkt bringen: entweder durch die Stimulierung der Lustperle oder durch die Erregung der angeschwollenen Brüste. Diese beiden erogenen Zonen senden Nervenimpulse an das 'Orgasmusareal' im Gehirn. Die Stimulierung der Lustperle erfolgt durch die Finger oder beim sogenannten Cunnilingus. Dieser Begriff wurde aus den lateinischen Worten cunnus / weibliche Scham und lingua / Zunge gebildet. Bei dieser Sexualpraktik erregt der Mann die Schamlippen, den Scheidenvorhof und die Lustperle mit Lippen und Zunge. Dabei sollte man unbedingt ein sogenanntes 'Lecktuch' benutzen. Hierbei handelt es sich um eine sehr dünne Latexfolie, die beim Oralsex über den Scheideneingang gelegt wird, um die Übertragung von Krankheitserregern zu verhindern. Das Lecktuch kann im Internet bestellt werden.

Da gemäß einer Umfrage in Deutschland nur 48 Prozent der Frauen durch den Cunnilingus befriedigt werden, weiß ich natürlich nicht, ob Sie und Ihre Partnerin an dieser Sexualpraktik interessiert sind.

Durch die Erregung der Brüste können Sie den Orgasmus leider nicht auslösen, da Ihre Partnerin ja immer den Push-up-BH tragen muss.

Zum Schluss gebe ich Ihnen noch einen wichtigen Rat:

Beim Geschlechtsverkehr steigt die Erregungskurve der Frau viel langsamer an als die Erregungskurve des Mannes. Deshalb sollten Sie die Fingerübungen auf den erogenen Zonen Ihrer Partnerin über einen möglichst langen Zeitraum ausdehnen. Nur dann kann die langsam ansteigende Erregungskurve Ihrer Partnerin die Orgasmusschwelle überschreiten. Unter Orgasmusschwelle versteht man die Erregungshöhe, ab der ein Orgasmus ausgelöst werden kann.

Mit freundlichen Grüßen

Wolfgang Ratgeber

Siebter Brief

Sehr geehrter Herr Ratgeber,

gestern habe ich meine Leibrente für die Monate Mai und Juni in Höhe von 20 000 Euro vom Bankkonto abgehoben. Als ich das Geld im Klavier verstecken wollte, fand ich dort den Brief, welchen Sie meinem Schatz am 20. Juni geschrieben haben.

Schmunzelnd las ich Ihren Rat, den Brief möglichst gut vor mir zu verstecken. Glücklicherweise ist mein Schatz am 13. Juni vom Altersheim zu mir umgezogen. Sonst hätte ich Ihren sehr interessanten Brief vielleicht nie gefunden. Aufgrund meiner strengen Internatserziehung weiß ich zwar, wie ungehörig es ist, einen gefundenen Brief zu lesen. Da mein Schatz sich jedoch so viel Mühe gemacht hatte, ein absolut sicheres Versteck für den Brief zu finden, konnte ich letztendlich der Versuchung nicht widerstehen, genau dies zu tun.

Ihre Bemerkung, mein Schatz befinde sich im Hinblick auf die altersbedingten Erektionsprobleme in einer komfortablen Lage, kann ich nach der Lektüre Ihres Briefes nur bestätigen.

Während manche Männer seiner Altersgruppe einen bestimmten Wirkstoff in ihren Penis spritzen müssen, um eine starke und langdauernde Erektion zu erreichen, braucht mein Schatz nur meinen hübschen Push-up-BH und seinen noch hübscheren Inhalt anschauen, um sofort eine 'Turboerektion' zu bekommen.

Aufgrund dieser komfortablen Lage ist er auch nicht bereit, sich zur Therapie seiner Erektionsprobleme in ärztliche Behandlung zu begeben. Als ich zu ihm sagte:

"In meiner Frauenzeitschrift wird eine Vakuumpumpe für Männer mit Erektionsproblemen empfohlen," antwortete er:

"Es gibt eine viel lustvollere Art, bei mir ein Vakuum zu erzeugen, aber ich geniere mich, mit dir darüber zu sprechen."

Die Tipps, welche Sie meinem Schatz für die erste und zweite Phase des Vorspiels gegeben haben, hatten bei mir eine 'turbogeile' Wirkung, wie mein Schatz sagen würde.

Aufgrund der Geschicklichkeit seiner Finger, die er dem Klavierspiel verdankt, führt die langdauernde Stimulierung meiner erogenen Zonen jedes Mal zu einer starken sexuellen Erregung.

Am 21. Juni schrieb ich den folgenden Text in mein Tagebuch:

'Heute hatte ich zum ersten Mal in meinem Leben einen Orgasmus beim Geschlechtsverkehr. In Zukunft muss ich meinem Schatz den Orgasmus nicht mehr durch lautes Stöhnen vorspielen.'

Am liebsten würde ich Sex im Dunkeln machen. Wir müssen jedoch immer das Licht brennen lassen, damit mein Schatz den Push-up-BH sehen kann.

Ich würde mich eigentlich lieber durch die Erregung der Brüste als durch die Stimulierung der Klitoris zum Höhepunkt bringen lassen. Dies ist jedoch leider nicht möglich, da ich immer den Push-up-BH tragen muss.

Da Sie mich am 4. Juni auf das erhöhte Herzinfarktrisiko für meinen Schatz im Fall eines häufigen Geschlechtsverkehrs hingewiesen haben,beschränken wir uns auf einen Geschlechtsverkehr pro Monat. Mein Liebster bringt mich allerdings jede Woche zwei Mal durch die langdauernde Stimulierung meiner erogenen Zonen zum klitoralen Orgasmus. Bei meinem Ehemann war das Vorspiel immer sehr kurz, da er sehr schnell zum Höhepunkt kam. Deshalb hatte ich bisher keine Gelegenheit, die erogenen Zonen des männlichen Körpers gründlich zu erforschen. Da mein Schatz mit den von Ihnen empfohlenen Stimulierungen meiner erogenen Zonen dem 'Instrument meines Körpers die lustvollsten Töne entlockt' würde ich gern durch die Stimulierung seiner erogenen Zonen auch ihm Töne der Ekstase entlocken und so zu einem 'Duett der Lust' kommen. Deshalb bitte ich Sie um die Beantwortung der folgenden Frage:

Wo liegen bei meinem Schatz die stark erogenen Zonen?

Ich hoffe inständig, dank der Geschicklichkeit meiner Finger, die ich dem Violinspielen verdanke, bei der Stimulierung der erogenen Zonen genau so erfolgreich zu sein wie mein Schatz. In diesem Fall bräuchte er vielleicht in Zukunft den Anblick meines Push-up-BH's nicht mehr. Dann könnte unser 'Duett der Lust' endlich im Dunkeln erklingen.

Mit freundlichen Grüßen

Eva

Achter Brief

Sehr geehrte Frau Eva,

in dem von Ihnen im Klavier entdeck-
ten Brief haben Sie einen Abschnitt
über die erogenen Zonen der Frau
gelesen, welche man(n) in der ersten
Phase des Vorspiels stimulieren sollte.
Da diese Zonen bei Frau und Mann
identisch sind, kann ich mir ihre
Aufzählung ersparen und Sie können
sich in der ersten Phase des Vorspiels
darauf beschränken, die Stimulierung-
en Ihres Partners zu wiederholen und
so gewissermaßen vierhändig auf dem
'Klavier der Lust' spielen.
In der zweiten Phase des Vorspiels
sollten Sie vom Piano der schwach
erogenen Zonen zum Forte der stark
erogenen Zonen übergehen, die alle
im Genitalbereich liegen.
Die Region zwischen After und Hodensack ist stark erogen. Eine Massage
mit den Fingern direkt hinter dem
Hodensack wird Ihren Liebsten stark
erregen, da hierdurch die Prostata von
außen stimuliert wird.
Danach sollten Sie zum Verwöhnpro-
gramm rund um die Eichel übergehen.
Diese ist das männliche Gegenstück

*zur weiblichen Lustperle. Aufgrund
ihrer dünnen Haut ist sie sehr em-
pfindlich. Der Eichelrand ist beson-
ders erogen.*

*Mit dem sogenannten F-Punkt des
Mannes ist das Frenulumbändchen
gemeint, welches die Eichel mit dem
Penisschaft verbindet. Es bildet zusammen mit der Eichel die am stärk-
sten erogene Zone und eignet sich daher als Hauptthema für Ihre 'Sonate
der Lust'. Das Thema wird in zwei Va-
riationen durchgeführt: Massage mit
dem Daumen und Stimulierung mit
der Zunge.*

*Für die Koda Ihrer 'Sonate der Lust'
kommt nur eine Zone Ihres Liebsten in
Frage: sein bestes Stück. Bei der Er-
regung seines 'Zauberstabs' sollten
Sie mit einem zärtlichen Adagio der
Lust beginnen und diese allmählich
über das Allegro der Ekstase bis zum
Presto des Orgasmus steigern.*

*Der Hinweis Ihres Partners auf eine
Sexualpraktik, über die er nicht mit
Ihnen sprechen wollte, bezog sich auf
den Oralverkehr. Bei dieser Sexualpraktik nimmt die Frau seinen Zauber-
stab in den Mund und stimuliert ihn
mit Lippen und Zunge sowie durch
Lutschen und Blasen. Das Saugen am
Penis wird als Fellatio bezeichnet
(abgeleitet vom lateinischen Wort*

fellare / saugen). In ähnlicher Weise wie bei der in Ihrer Frauenzeitschrift erwähnten Vakuumpumpe entsteht durch das Saugen ein Unterdruck, der Blut in den Penis zieht und dadurch die Erektion verstärkt.

Bei der Fellatio und beim Zungenverwöhnprogramm der Eichel sollte die Übertragung von Krankheitserregern durch die Verwendung eines Kondoms verhindert werden. Für diesen Zweck gibt es Kondome mit verschiedenen Geschmacksrichtungen.

Da gemäß einer Umfrage in Deutschland nur 56 Prozent der Männer durch die Fellatio befriedigt werden, weiß ich natürlich nicht, ob Sie zu dieser Sexualpraktik überhaupt bereit sind.

Wenn zwei Partner unterschiedlich stark auf die Stimulierung der erogenen Zonen reagieren beziehungsweise unterschiedlich stark stimuliert werden, erschwert dies die Auslösung eines Orgasmus bei beiden Partnern. Wenn zum Beispiel der Mann sehr stark stimuliert wird, kann er sehr schnell zum Orgasmus kommen. Da die Erregungskurve bei der Frau langsamer ansteigt als beim Mann, liegt sie zu diesem frühen Zeitpunkt noch unter der Orgasmusschwelle. Die Frau hat daher keine Chance, einen Orgasmus zu erleben.

Je länger die gegenseitige Stimulierung der erogenen Zonen dauert, desto größer ist die Chance, dass die Erregungskurven beider Partner über der Orgasmusschwelle liegen und dadurch beide Partner zum Orgasmus kommen. Da die Erregungskuve bei der Frau langsamer ansteigt als beim Mann, sollte zuerst der Mann die Frau durch die Stimulierung der stark erogenen Zonen zum Orgasmus bringen. Danach sollte die Frau dem Mann einen Höhepunkt bescheren.

Vor dem Hintergrund dieser Theorie werde ich Ihnen nun erklären, weshalb Sie beim ehelichen Verkehr nie einen Orgasmus erlebten. Sie schrieben mir am 7. Juni, dass Ihr Mann immer schon nach einem sehr kurzen Vorspiel zum Höhepunkt kam. Zu diesem Zeitpunkt lag Ihre Erregungskurve aufgrund des kurzen Vorspiels noch weit unterhalb der Orgasmusschwelle. Dies konnte Ihr Mann freilich nicht erkennen, da Sie ihm jedes Mal durch lautes Stöhnen einen Orgasmus vorgespielt haben. Aufgrund Ihrer religiösen Erziehung waren Sie auch nicht bereit, sich nach dem Orgasmus Ihres Mannes eigenhändig einen Orgasmus zu bescheren. Deshalb haben Sie in 40 Ehejahren niemals einen Orgasmus beim Geschlechtsverkehr erlebt.

Abschließend erkläre ich Ihnen, weshalb Sie beim Geschlechtsverkehr mit Ihrem jetzigen Partner einen Orgasmus bekommen. Wie Sie in dem von Ihnen gefundenen Brief lesen konnten, gab ich Ihrem Partner den Rat, das Vorspiel über einen möglichst langen Zeitraum auszudehnen, damit Ihre langsam ansteigende Erregungskurve die Orgasmusschwelle übersteigen kann. Offensichtlich befolgt Ihr Partner diesen Rat genau. Durch die langdauernde Stimulierung Ihrer erogenen Zonen steigt Ihre Erregungskurve über die Orgasmusschwelle. Deshalb erleben Sie bei jedem 'Duett der Lust' einen Orgasmus.

Mit freundlichen Grüßen

Wolfgang Ratgeber

Neunter Brief

Lieber Schatz,

da wir wegen der Wienreise, die ich im Preisausschreiben gewonnen habe, vier Tage getrennt sind, nutze ich diese Gelegenheit, um dir einmal in schriftlicher Form für alles zu danken, was ich in diesem Jahr mit dir erleben durfte. Hier in der Hauptstadt der Musik denke ich dabei vor allem an die schönen Sonaten, die wir am Tag leidenschaftlich gern, in der Nacht jedoch gern leidenschaftlich zusammen spielen.

Da uns das Weihnachtskonzert in der Oper im letzten Jahr sehr gut gefiel, bitte ich dich, die Karten für das diesjährige Weihnachtskonzert baldmöglichst zu reservieren.

Über die 'Aufforderung zum Tanz', die du an meinem 90. Geburtstag auf dem Klavier gespielt hast, freute ich mich sehr.

Als ich am Abend die rote Reizwäsche in deinem Geburtstagspäckchen fand, war ich über diese 'Aufforderung zum Sex' zunächst ziemlich perplex.

Aufgrund meines hohen Alters fragte ich meinen Hausarzt am nächsten Tag, ob mein hoher Blutdruck gegen *sexuelle Aktivitäten spricht. Als er dies verneinte und mir grünes Licht für den Sex mit der roten Reizwäsche gab, freute ich mich natürlich sehr und fuhr sofort nach Hause, um die Reizwäsche anzuprobieren.*

Erfreulicherweise hattest du die richtige Körbchengröße gekauft. Nachdem ich den Push-up-BH angezogen hatte, betrachtete ich mich im Spiegel. Was für ein Glück! Der Push-up-BH passte perfekt.

Aufgrund der Geschicklichkeit meiner Finger, die ich meiner Violine verdanke, reagierst du überraschend stark auf die Stimulierung deiner erogenen Zonen. Deshalb konnte ich am 1. August in mein Tagebuch schreiben:

'Gestern hat mein Schatz zum ersten Mal ohne Reizwäsche einen Orgasmus bekommen. In Zukunft wird unser 'Duett der Lust' im Dunkeln erklingen und ich kann endlich durch die langersehnte Stimulierung meiner Brüste zum Höhepunkt kommen.'

Im Rahmen des ehelichen Pflichtverkehrs dauerte mein Orgasmus nie länger als der Orgasmus meines Mannes, also nur wenige Sekunden. Du jedoch, mein lieber Schatz, bringst mich jedes Mal zu einem minutenlangen, multiplen Orgasmus. Nach unserem letzten 'Duett der Lust' meinte die seit August im Erdgeschoss

unserer Villa lebende, vornehme Dame
etwas indigniert:

"Heute bin ich mitten in der Nacht
durch Ihr lautes Stöhnen aufgewacht.
Geht es im Alter von 80 Jahren nicht
auch etwas leiser?"

Dieser Satz machte mir plötzlich klar:
*Aufgrund des **Jungbrunnens** unserer*
regelmäßigen 'Duette der Lust' sehe
ich jetzt 10 Jahre jünger aus.

(Ich erlaube mir, den Brief für einen
Kommentar zu unterbrechen: Eine
vom Royal Edinburgh Hospital durchgeführte Studie mit 3500 Probanden
im Alter von 18 bis 102 Jahren ergab:
Ein aktives Liebesleben trägt wesentlich dazu bei, jünger auszusehen).

Wie gut der Sex für die Gesundheit ist,
habe ich leider erst im Alter von 90
Jahren entdeckt. Bevor wir uns ken-
nen lernten, hatte ich häufig Infekti-
onskrankheiten. Seit einem Jahr ist
dies nicht mehr der Fall.

(Gestatten Sie mir, verehrte Leserin-
nen und Leser, den Brief zu unterbrechen und Ihnen eine medizinische
Erklärung hierfür zu geben:

Im Alter wird das Immunsystem des
Körpers schwächer. Deshalb sollten
Personen, die über 60 Jahre alt sind,
unbedingt an der jährlichen Grippe-
impfung teilnehmen, da der Impfstoff
spezifische Antikörper gegen bestimm-
te Grippeviren generiert.

Es gibt jedoch zusätzlich eine sehr angenehme Methode, um die allgemeine Abwehrkraft des Immunsystems zu erhöhen: regelmäßige sexuelle Aktvitäten. Dies wurde durch die folgende Studie der Eidgenössischen Technischen Hochschule in Zürich bewiesen: Bei Männern wurde die Zahl der im Blut vorhandenen 'Killerzellen' vor und nach einem durch Masturbation ausgelösten Orgasmus ermittelt. Das überraschende Ergebnis: Durch den Orgasmus hat sich die Zahl der 'Killerzellen' verdoppelt. 'Killerzellen' sind die wichtigste Waffe des Immunsystems gegen in den Körper eindringende Krankheitserreger. Sie erkennen Zellen, die mit Krankheitserregern infiziert sind und töten diese Zellen ab.

Der **Gesundbrunnen** regelmäßiger sexueller Aktivitäten unterstützt also das Immunsystem beim Kampf gegen Krankheitserreger und leistet dadurch einen wichtigen Beitrag zum Schutz gegen Infektionskrankheiten

Außerdem bewältige ich Stresssituationen viel besser als früher.

(Gestatten Sie mir, auch diese Erfahrung von Frau Eva durch einen Kommentar zu ergänzen:

Im Rahmen einer wissenschaftlichen Studie wurden Frauen einer standardisierten Stressdosis ausgesetzt. Die

Frauen der ersten Untersuchungsgruppe, welche vorher eine erotische Massage von ihrem Partner bekamen, schütteten geringere Mengen des Stresshormons 'Cortisol' aus, als die vorher nicht massierten Frauen der Vergleichsgruppe).

Bevor wir uns kennenlernten hatte ich oft Ein- und Durchschlafstörungen. Nach unserem 'Duett der Lust' versinke ich jedes Mal in einen tiefen Schlaf und wache erst am Morgen wieder auf. Eine Erklärung für diesen erquickenden, gesunden Schlaf fand ich in einer Frauenzeitschrift:

Eine amerikanische Studie mit 1800 Teilnehmern stellte fest: Während des Orgasmus wird das Gehirn von dem Hormon 'Oxytocin' durchströmt, das eine einschläfernde Wirkung hat.

Durch den **Gesundbrunnen** *unserer regelmäßigen 'Duette der Lust' haben sich die altersbedingten Fettpolster bei dir und mir erfreulicherweise zurückgebildet. In der gleichen Frauenzeitschrift las ich:*

Eine Studie der Universität Quebec kam zu folgendem Ergebnis: Während einer Stunde Sex verbrennen Männer 100 Kalorien und Frauen 70 Kalorien.

Meine Migräneschmerzen haben sich durch unsere regelmäßigen sexuellen Aktivitäten wesentlich gebessert. In der gleichen Frauenzeitschrift las ich:

Das beim Sex ausgeschüttete Hormon 'Endorphin' hat eine ähnliche chemische Struktur wie das 'Morphin' und lindert daher Menstruationsbeschwerden und Migräneschmerzen.

Hoffentlich wurde dieser Artikel nicht von Männern gelesen. Sonst haben wir Frauen nicht mehr die Möglichkeit, wenn uns nicht nach Sex zumute ist, diesen mit dem Hinweis auf unsere Migräne zu verweigern.

Eine 80-jährige Freundin sagte neulich zu mir:

"Nach dem Orgasmus bekommen ich und mein Partner jedes Mal eine depressive Verstimmung."

Für diesen Fall hatte ich ebenfalls einen Tipp aus der Frauenzeitschrift parat, den ich an meine Freundin weitergab:

"Auch bei sexuellen Erregungen unterhalb der Orgasmusschwelle kommt es zur Ausschüttung des Glückshormons 'Dopamin'. Ihr solltet euch daher auf die Stimulierung von erogenen Zonen beschränken, die unterhalb der Orgasmusschwelle liegen."

An ihrem 100. Geburtstag sagte meine Mutter:

"Noch nie in meinem Leben habe ich mich so wohl gefühlt wie heute."

Auch ich fühle mich in meinem 91. Lebensjahr besser als je zuvor, da du mir im Herbst des Lebens einen zweiten

Frühling schenkst. Unsere 70-jährige Untermieterin nimmt täglich 15 Tabletten gegen Altersbeschwerden. Ich benötige kein einziges Medikament. Mein hoher Blutdruck hat sich durch den **Gesundbrunnen** unserer 'Duette der Lust' normalisiert. Daher konnte ich die blutdruck senkenden Tabletten absetzen.

Da deine Eltern ebenfalls über 100 Jahre alt geworden sind und in der Medizin eine Formel existiert, mit der man die eigene Lebenserwartung aufgrund der Lebenszeit von Vater und Mutter berechnen kann, besteht für uns eine große Wahrscheinlichkeit, auch den 100. Geburtstag gemeinsam feiern zu können. Hierfür spricht noch ein zweiter Grund. In einer Studie britischer Wissenschaftler las ich: Aufgrund des **Jungbrunnens** Erotik haben sexuell aktive Menschen eine erheblich höhere Lebenserwartung als enthaltsam lebende Menschen.

Eine Umfrage bei 15-jährigen Mädchen ergab: Die sexuell aktivste Gruppe hat bereits Geschlechtsverkehr. Die durchschnittliche Lebensdauer der Frau beträgt 83 Jahre, die durchschnittliche Häufigkeit des Geschlechtsverkehrs 2 mal pro Woche. Die sexuell aktivste Frauengruppe hat also rund 7000 mal Gechlechtsverkehr. Etwa zehn Prozent der Frauen kommen bei jedem Geschlechtsverkehr zum Orgasmus. Man kann daher mit Sicherheit sagen: Die sexuell aktivste Gruppe der Frauen erlebt im Verlauf ihres Lebens rund 700 Orgasmen beim Geschlechtsverkehr.

Auch unser 'Duett der Lust' erklingt zwei Mal pro Woche. Dabei erleben wir jedes Mal einen Orgasmus. Während die sexuell aktivste Gruppe der Frauen im Verlauf von 68 Jahren 700 Orgasmen beim Geschlechtsverkehr erlebt, werde ich mich an meinem 100. Geburtstag dankbar an die rund 1000 Orgasmen erinnern, die ich mit dir, mein Schatz, im Zeitraum von nur 10 Jahren erleben durfte.

Ein halbes Jahr vor meinem 90. Geburtstag habe ich zwei Zeitungsinserarate veröffentlicht. Den Text des ersten Inserats kennst du, da unsere Lovestory mit diesem Inserat begann. Den folgenden Text des zweiten Inserats kennst du noch nicht:

'Seniorin im 90. Lebensjahr, ohne Erben, möchte ihre Villa testamentarisch gegen die Zahlung einer monatlichen Leibrente von 10 000 Euro vererben.'

Während ich auf das erste Inserat viele Zuschriften erhielt, da ich mein Alter verschwiegen hatte, motivierte die Angabe meines Alters im zweiten Inserat viele Immobilienmakler zu

48

einem Antwortschreiben. Sie speku-
lierten darauf, die Villa durch den
zeitlich absehbaren Tod der Besitzerin
günstig zu erwerben und danach
durch ihren Verkauf einen großen
Gewinn einzustreichen.

Um meine Leibrente langfristig abzu-
sichern, legte ich im Vertrag fest, dass
die Rentenzahlungspflicht im Fall des
Todes meines Vertragspartners auf die
Kinder übergeht und schloss den Ver-
trag mit einem Makler ab, der 5 Kin-
der hat.

Aufgrund des **Jungbrunnens** *unserer*
regelmäßigen 'Duette der Lust' be-
steht eine hohe Wahrscheinlichkeit,
dass mein Vertragspartner letztend-
lich der Verlierer und ich die Gewinne-
rin sein werde.

Am 24. Juli habe ich in der Bank
20 000 € von meinem Leibrentenkonto
abgehoben und die Geldscheine im
Klavier, einem absolut sicheren Ver-
steck, deponiert.

Gestern informierte mich meine Bank
per E-Mail über die Gesamtsumme der
bisher eingegangenen Leibrentenzah-
lungen: 120 000 €. Wenn wir meinen
100. Geburtstag feiern, wird die Sum-
me der bezahlten Leibrenten 1 200
000 € betragen. Da der Wert meiner
Villa von einem Sachverständigen auf
400 000 € geschätzt wurde, habe ich
dann im Zeitraum von 10 Jahren nicht

nur 1000 Orgasmen mit dir erlebt, sondern auch den stattlichen Gewinn von 800 000 € eingestrichen.
Ich bin froh, dank dieser sprudelnden Geldquelle stets eine gut gefüllte Reisekasse für uns zu haben. Heute fand ich hier im Hotel einen Katalog, in dem die luxuriösesten Wellnesshotels der Welt präsentiert wurden. Nach der Durchsicht des Katalogs kam mir plötzlich eine Idee, wie ich dir danken und zugleich unser gemeinsames Zukunftsprojekt pushen kann: den 100. Geburtstag aufgrund des **Jungbrunnens** unserer 'Duette der Lust' bei bester Gesundheit zu feiern.
Im nächsten Frühjahr machen wir eine Weltreise. Deinen Geburtstag feiern wir in San Francisco, meinen in Singapur. Auf dieser Reise machen wir unsere Spaziergänge nicht mehr am Rhein sondern an den Ufern von Missisipi, Amazonas, Nil und Jangtsekiang. Das Motto dieser Reise lautet:

'Mit 90 Jahren in 90 Tagen um die Welt'

100 Küsse!

dein Schatz